1001
RAZÕES
PARA
GOSTAR
DO
BRASIL

D0681410

Marcelo Camacho
1001
RAZÕES
PARA
GOSTAR
DO
BRASIL

SEXTANTE

preparo de originais
Virginie Leite

revisão
Sérgio Bellinello Soares

projeto gráfico e diagramação
Valéria Teixeira

capa
Victor Burton

fotolitos
R.R. Donnelley Mergulhar

impressão e acabamento
Geográfica e Editora Ltda.

CIP-BRASIL. CATALOGAÇÃO-NA-FONTE
SINDICATO NACIONAL DOS EDITORES DE LIVROS, RJ.

C17m Camacho, Marcelo
1001 razões para gostar do Brasil/
Marcelo Camacho. – Rio de Janeiro : Sextante, 2003

ISBN 85-7542-057-7

1. Brasil – Miscelânea. I. Título.

03-462. CDD 981
CDU 981

Editora Sextante (GMT Editores Ltda.)
R. Voluntários da Pátria, 45 – Gr. 1.404 – Centro
20020-100 – Rio de Janeiro – RJ
Tel.: (21) 2286-9944 – Fax: (21) 2286-9244
Central de Atendimento: 0800-22-6306
E-mail: atendimento@esextante.com.br
www.esextante.com.br

Introdução

"Só mesmo no Brasil." Quantas vezes você já ouviu essa frase? Geralmente, ela é dita em tom de lamento, quando alguma coisa de ruim acontece e, pimba!, põe-se a culpa no país. Assim, com a maior facilidade. Como se o Brasil, com a sua imensidão, gigante pela própria natureza, tivesse lá suas vontades e fosse capaz de castigar seu povo com a seca no Nordeste, a violência nas grandes cidades, a má-fé de parte da classe política. Coisas que, em tese (e apenas em tese), só acontecem no Brasil.

Mas e o lado bom das coisas? Tornou-se comum, a título de consolo, lembrar que o Brasil não tem terremotos, furacões ou vulcões prestes a entrar em erupção. É, não tem mesmo – e isso é ótimo. Mas vamos com calma. Afinal, não é a inexistência de tragédias ligadas a fenômenos naturais que faz do Brasil um lugar bom para se viver. Alguma dúvida?

1.001 Razões para Gostar do Brasil é um livro que não deixa dúvidas. Mistura de guia afetivo e perfil informal do país, apresenta uma lista de 1.001 itens só com coisas legais sobre o Brasil e sobre o povo brasileiro. Coisas que são a cara de um Brasil múltiplo e pulsante (embora nem sempre exclusivas da nossa terra). Coisas que – às vezes, sem que se perceba – fazem a gente gostar de viver aqui. E, ainda, coisas tão nossas que dão identidade ao país e reafirmam uma característica da qual o brasileiro já andou meio esquecido: a auto-estima.

Música, literatura, televisão, culinária, arquitetura, belezas naturais, cultura popular, comportamento. Tem de tudo um pouco em *1.001 Razões para Gostar do Brasil*. Só que a intenção do livro não é, em momento algum, a de apresentar uma lista definitiva. Algum item importante pode até ter ficado de fora, outro nem tão fabuloso assim deve estar, sim, no livro. Isso permite que cada leitor, no decorrer das páginas – entre um e outro "poxa, é mesmo!" –, venha a fazer, intimamente, a sua própria lista. Bom divertimento!

1. “A terra (...) é toda praia muito formosa. Nela até agora não pudemos saber que haja ouro, nem prata, nem nenhuma coisa de metal, nem de ferro. Porém, a terra, em si, é de muito bons ares (...) Águas são muitas, infinitas. E em tal maneira é graciosa que, querendo-a aproveitar, der-se-á nela tudo, por bem das águas que tem.” *(Trecho da carta de Pero Vaz de Caminha ao Rei Dom Manuel, de Portugal, espécie de certidão de nascimento do Brasil.)*

2. Os romances de Jorge Amado: *Capitães de Areia, Mar Morto, Tenda dos Milagres,* etc.

3. Sombra de amendoeira.

4. Feijão preto, mulatinho, branco, manteiga...

5. Feijão com arroz. Se o acompanhamento for bife com batata frita, melhor ainda.

6. As pernas tortas do Garrincha.

7. O horário de verão.

8. A leveza das dobraduras de ferro nas esculturas monumentais de Amilcar de Castro.

9. O mico-leão-dourado, símbolo da preservação ecológica no Brasil.

10. Dançar forró. Coladinho. Rosto com rosto, coxa com coxa.

11. Futebol de botão.

12. A elegância do samba de Paulinho da Viola.

13. A vida na roça e tudo o que ela tem de bom.

14. Casas caiadas.

15. Café em xícara de ágata.

16. Dois dedos de prosa.

17. Colcha de fuxico.

18. Luz de lampião.

19. Viola caipira.

20. Compras na quitanda – com a conta pendurada.

21. Cigarro de palha.

22. Fogão a lenha.

23. Fiapo de capim no canto da boca.

24. Os filmes de Mazzaropi.

25. A arquitetura *art noveau* do Teatro José de Alencar, em Fortaleza. Inaugurado em 1910, o teatro dá um clima de *belle époque* à capital cearense.

26. Os vinhedos de Bento Gonçalves, no Rio Grande do Sul.

27. As músicas de Dorival Caymmi.

28. O bicho preguiça.

29. O colorido dos barcos no porto de Manaus.

30. O décimo terceiro salário.

31. Férias de 30 dias.

32. Marília Pêra em *Apareceu a Margarida*, peça de Roberto Athayde.

33. As fotos de Sebastião Salgado.

34. Palavras curiosas da língua portuguesa, como lengalenga, saracoteio e borogodó. Mesmo que, às vezes, a gente nem saiba direito o que elas significam.

35. Os malabarismos vocais de Ed Motta.

36. As Cataratas do Iguaçu, em Foz do Iguaçu, no Paraná. São cerca de 275 quedas-d'água, a maior delas com 70 metros de altura. (Sabia que, no idioma guarani, iguaçu quer dizer "águas grandes"?)

37. O Parque Nacional do Iguaçu, onde ficam as cataratas, com seus cerca de 185 mil hectares. Criado em 1939, foi tombado em 1986 pela Unesco como Patrimônio Mundial da Humanidade.

38. Sanduíche de mortadela.

39. A-pa lín-pín-gua-pua do-po Pê-pê. Quer dizer, a língua do Pê.

40. A dor-de-cotovelo "federal" que levou Lupicínio Rodrigues a compor clássicos como *Felicidade* e *Nervos de Aço.*

41. Maria Esther Bueno foi a maior tenista que o Brasil já teve. Conquistou 170 títulos internacionais nos anos 50 e 60.

42. Couvert de restaurante: pão, torradinhas, patê, manteiga, pastinhas, azeitonas... É incrível ainda sobrar apetite para a refeição.

43. Elis Regina cantando *O Bêbado e a Equilibrista*, retrato de um Brasil que sonhava com a volta do irmão do Henfil.

44. Herbert de Souza, o Betinho, e sua campanha contra a fome, cujo lema era "Quem tem fome tem pressa".

45. Peixes de água doce: tucunaré, pirarucu, tambaqui, pacu, pintado, dourado...

46. A Oktoberfest, em Blumenau, Santa Catarina.

47. A praia de Jericoacoara, no Ceará.

48. Cuscuz. Com pedaços de coco por cima – e muito leite condensado.

49. A onça-pintada, com seus cerca de 150 quilos, é o maior felino das Américas.

50. Vôlei de praia.

51. A cachaça.

52. Os diversos nomes que, dependendo da região, a cachaça ganha: água-que-passarinho-não-bebe, aguardente, a-que-matou-o-guarda, bafo-de-tigre, branquinha, caninha, champanha-da-terra, dengosa, filha-do-senhor-de-engenho, goró, iaiá-me-sacode, levanta-velho, maria-meu-bem, óleo-de-cana, perigosa, xarope-dos-bebos, etc.

53. Advogado abolicionista, republicano, senador, ministro, Rui Barbosa destacou-se na Conferência Mundial da Paz, de 1907, em Haia, na Holanda, por defender a igualdade entre as grandes e pequenas nações. Ganhou o apelido de Águia de Haia.

54. A diplomacia brasileira. Somos da paz.

55. As crônicas de Rubem Braga.

56. Paulo Freire, o maior educador brasileiro.

57. As madeiras brasileiras: mogno, imbuia, peroba-do-campo, jacarandá, cedro, pau-marfim, cerejeira.

58. Xica da Silva, a ex-escrava que virou mito nacional da liberdade feminina, dos negros e dos oprimidos.

59. Zezé Motta como Xica da Silva no filme homônimo de Cacá Diegues.

60. A sensualidade da mulher brasileira.

61. "Não me venham com problemática, que eu tenho a solucionática."
(Dadá Maravilha, em 1971.)

62. O Brasil é o país da novela – tanto que a transformou em produto de exportação. *Escrava Isaura*, por exemplo, já foi vendida para 120 países.

63. A novela das 8. Mesmo que ela comece às 9.

•

"Gosto do Brasil porque ele faz com que eu me sinta louco, e ninguém – nem eu mesmo – dá a menor bola para isso."

Paulo Coelho

64. O sobe-e-desce nas ladeiras do Pelourinho, em Salvador.

65. O Amigo da Onça, personagem do cartunista Péricles, um ícone das décadas de 40 e 50, na revista *O Cruzeiro.*

66. Marisa Monte cantando *Bem que se Quis, Amor I Love You,* etc.

67. Jogo de búzios.

68. O nascer do sol no Rio Negro.

69. A Bienal do Livro.

70. As frases do jornalista Aparício Torelly, o Barão de Itararé: "Ou restaura-se a moralidade, ou locupletemo-nos todos"; "Há alguma coisa no ar além dos aviões de carreira"; "Quando o pobre come frango, um dos dois está doente".

71. A Costa das Dunas, no litoral sul de Sergipe.

72. A Festa da Uva, em Caxias do Sul, no Rio Grande do Sul.

73. A Legião Urbana – com a voz poderosa de Renato Russo – tocando *Geração Coca-Cola, Será, Ainda É Cedo, Eduardo e Mônica...*

74. As palmeiras imperiais do Jardim Botânico, no Rio de Janeiro, parque criado por Dom João VI, em 1808.

75. Oscar Niemeyer, o maior nome da arquitetura brasileira.

76. Na América Latina, só o brasileiro fala português. Do Oiapoque ao Chuí.

77. Ler no original Fernando Pessoa, Eça de Queiroz e José Saramago.

78. O tênis Bamba, o Conga, o Kichute (com o cadarço amarrado por baixo da sola) e o sapato Vulcabrás 752.

79. Creme de abacate.

80. Marchinhas de carnaval com a marca de Lamartine Babo, como *O Teu Cabelo Não Nega* e *Linda Morena*.

81. A primeira sinagoga erguida nas Américas fica em Recife, Pernambuco. Chama-se Kahal Zur Israel e foi inaugurada em 1640, durante a ocupação holandesa no estado.

82. Tarcísio Meira e Glória Menezes.

83. Dobradinhas culinárias, como frango com quiabo, camarão com chuchu e carne-seca com abóbora (também conhecida como jabá com jerimum).

84. *Triste Fim de Policarpo Quaresma*, de Lima Barreto.

85. O jeitinho brasileiro, naquilo que ele tem de bom.

86. A festa do Divino, no Maranhão.

87. O açude de Orós, no Ceará, é o maior do mundo. Sua superfície chega a ser maior que a da Baía de Guanabara.

88. Jogo de damas na pracinha do bairro.

89. Revoada de andorinhas em tarde quente de verão.

90. Oscar Schmidt, o Mão Santa, chorando na conquista do Pan-Americano de 1987, em jogo histórico contra os Estados Unidos.

91. O barroco mineiro.

92. Ouro Preto, com suas ladeiras e igrejas. Destaque para a de São Francisco de Assis, com projeto e obras de Antônio Francisco Lisboa, o Aleijadinho. É a mais bonita de todas as igrejas da cidade.

93. Independência ou morte!

94. A Orquestra Sinfônica Brasileira.

95. Djavan cantando *Meu Bem-Querer, Sina, Flor de Lis, Oceano,* etc.

96. O peixe-boi é o maior mamífero fluvial do mundo.

97. O teatro de Oduvaldo Vianna Filho, o Vianinha.

98. Casas de suco. Não é em qualquer lugar do mundo que se encontra fruta espremida na hora.

99. Um *chopps* e dois pastel.

100. Beatriz Segall (como Odete Roitman) e Glória Pires (como Maria de Fátima) em *Vale Tudo*, que Gilberto Braga escreveu para a Rede Globo em 1988. Nunca houve vilãs como elas.

101. Os romances policiais de Rubem Fonseca.

102. O cafezinho.

•

"Gosto do Brasil principalmente porque, como artista, jamais seria capaz de criar longe das minhas raízes. De Gaulle, com razão, disse que o Brasil não é um país sério. Que bom! O sério é aquilo que não nos deixa ver que o rei está nu. O sério é a antítese da leveza e o Brasil tem a leveza dos anjos."

Jô Soares

103. O prédio do Museu de Arte Moderna do Rio de Janeiro no traço modernista do arquiteto Affonso Eduardo Reidy.

104. O Museu de Arte Contemporânea de Niterói, projetado por Oscar Niemeyer. Flor sobre a Baía de Guanabara.

105. As figuras femininas na pintura de Milton Dacosta.

106. Bolo-de-rolo, bolo de fubá, de aipim com coco, de laranja, de chocolate...

107. O programa brasileiro de combate à AIDS é considerado um dos melhores do mundo.

108. Flamboyants em flor.

109. Tim Maia cantando *Gostava Tanto de Você, O Descobridor dos Sete Mares, Não Quero Dinheiro (Só Quero Amar)*, etc.

110. Carne-de-sol desfiada.

111. As praias brasileiras – são quase oito mil quilômetros de litoral e mais de duas mil praias.

112. O Brasil também é um país de ilhas (do Mel, de Itamaracá, de Marajó, etc.). Tanto que três delas – Florianópolis, Vitória e São Luís – são capitais.

113. Ilhabela, em São Paulo, é a maior ilha marítima do país; em segundo lugar vem a Ilha de Itaparica, na Bahia.

114. A região de Angra dos Reis, no Rio de Janeiro, tem 365 ilhas, uma para cada dia do ano. A mais bonita é a Ilha Grande, paraíso que já abrigou até um presídio.

115. Yes, nós temos banana.

116. As músicas de João de Barro, o Braguinha.

117. Copacabana, a princesinha do mar.

118. Francisco Alves, o Rei da Voz.

119. O poema *Estatutos do Homem*, de Thiago de Mello. Fica decretado que todo mundo precisa conhecer.

120. O cinejornal futebolístico *Canal 100*. Que bonito era.

121. Almoço de domingo na casa da avó. Primos, tios, a família toda reunida. De preferência no quintal, em tarde fresca, debaixo de uma bela mangueira.

122. As instalações de Tunga.

123. A rede, originalmente feita com fibras vegetais, era a cama dos índios. Os portugueses gostaram da idéia e a aperfeiçoaram.

124. Tirar um cochilo na rede depois do almoço.

125. Namorar na rede, no portão ou, se não tiver jeito, na sala, com o pai e a mãe da moça tomando conta.

126. Dom Helder Câmara.

127. Éder Jofre, estrela do boxe nos anos 60. É o maior pugilista brasileiro de todos os tempos.

128. Ary Fontoura como o mesquinho Nonô Correia na novela *Amor com Amor se Paga*, de Ivani Ribeiro. Em 1984, na Globo.

129. O lobo-guará, conhecido como "a estrela do Cerrado".

130. Bibi Ferreira cantando o repertório de Edith Piaf.

131. O Parque Estadual de Vila Velha, no Paraná, onde a chuva e o vento esculpiram pedras em forma de navio, bota, leão, taça, etc.

132. Plunct Plact Zum.

133. Castelo Rá-Tim-Bum.

134. Bumbum Paticumbum Prugurundum.

135. Casquinha de siri.

136. Balas com sabor de infância: quebra-queixo, Juquinha, Boneco, drops Dulcora, Banda, Jujuba, Soft, Delicado, Mentex, Confete, Toffe e drops Kids de hortelã.

137. A zebrinha da loteria esportiva no *Fantástico.*

138. Os sambas de Ataulfo Alves, como *Ai, que Saudades da Amélia* (parceria com Mário Lago) e *Na Cadência do Samba* (parceria com Paulo Gesta).

139. A feira de artesanato de Caruaru, em Pernambuco.

140. As cenas do cotidiano nordestino nas esculturas de cerâmica do Mestre Vitalino.

141. As expedições do Marechal Rondon.

142. Malhação do Judas no sábado de Aleluia.

143. Chope gelado. Com ou sem colarinho. Claro ou escuro.

144. *Aquarela do Brasil*, de Ary Barroso, o hino não-oficial do país.

145. Fla x Flu no Maracanã. Desde o primeiro, em 1912, é o maior clássico do futebol brasileiro.

146. Banana frita, com açúcar e canela.

147. Colírio Moura Brasil.

148. O Rio São Francisco, que banha Minas Gerais, Bahia, Pernambuco, Sergipe e Alagoas. Com 2.700 quilômetros de extensão, o Velho Chico é também chamado de Rio da Integração Nacional.

149. As carrancas dos barcos que navegam no Rio São Francisco.

150. Nana Caymmi cantando *Só Louco*.

151. O bom humor do brasileiro. Não é de se estranhar que o país tenha tantos comediantes. E público para suas piadas.

152. Jô Soares. Tipos inesquecíveis: Bô Francineide, Reizinho, Capitão Gay...

153. Chico Anysio. Tipos inesquecíveis: Alberto Roberto, Bozó, Painho...

154. Renato Aragão e seu tipo único e inesquecível: Didi Mocó Sonrisal Colesterol Novalgina Mufumbo. E os outros Trapalhões: Dedé Santana, Mussum e Zacarias.

155. Os bordões do Didi: "Ô psit!", "Audácia da Pilombeta!", "Ô da poltrona!".

156. E mais: Dercy Gonçalves, Agildo Ribeiro, Costinha, Berta Loran, Walter D'Ávila, Ary Toledo, Roni Rios, Consuelo Leandro, Ronald Golias, Lúcio Mauro.

157. Programas humorísticos que deixaram saudade: *Balança mas Não Cai*; *A Praça da Alegria*; *Planeta dos Homens*; *Faça Humor, Não Faça Guerra*...

158. O Primo Pobre (Brandão Filho) e o Primo Rico (Paulo Gracindo).

159. "Ô crioula difícil... Tchan!"
(Bordão do comediante Tião Macalé.)

160. O pau-brasil.

161. O Zé Carioca.

162. Os *Bichos* de Lygia Clark.

163. Pão de queijo.

164. Guga, Guga, Guga. O maior tenista brasileiro de todos os tempos.

165. *O Tempo e o Vento*, de Érico Veríssimo.

166. A Corrida de São Silvestre.

167. A tela *Abaporu*, de Tarsila do Amaral. (É a mais valiosa obra de arte brasileira já comercializada. Foi vendida num leilão, em 1995, por 1,3 milhão de dólares.)

168. Biscoito Cream Cracker e biscoito Champanhe.

169. A usina de sons de Hermeto Pascoal.

170. *Pluft, o Fantasminha.* E todas as peças infantis de Maria Clara Machado.

171. Açaí. No copo. Na tigela. Com granola. Com guaraná em pó.

172. As inscrições rupestres – de cerca de 20 mil anos atrás – nas diversas tocas do Parque Nacional Serra da Capivara, no Piauí. Com cânions, grutas, lagos subterrâneos e vegetação de caatinga, o parque, de 129 mil hectares, é Patrimônio Mundial da Humanidade.

173. A buzina do Chacrinha e o grito de guerra "Terezinhaaaaaaaa!". (O auditório respondia "Uu! Uu!".)

174. Os nomes inspiradíssimos das chacretes: Rita Cadillac, Fátima Boa Viagem, Ester Bem-Me-Quer, Soninha Toda Pura, Fernanda Terremoto e Sueli Pingo de Ouro.

175. "Quem não se comunica, se trumbica." *(Bordão do Chacrinha.)*

176. A decoração das ruas em época de Copa do Mundo.

177. Ivo Pitanguy, referência mundial em cirurgia plástica.

178. O Grupo Corpo.

179. Os jardins de Burle Marx.

180. A simpatia e o calor humano dos brasileiros.

181. O Brasil do fim do século XIX nas fotos de Marc Ferrez.

182. O pente Flamengo, aquele de plástico preto.

183. O brasileiro é um povo de fé. (É que dizem que a fé não costuma falhar.)

184. "Água mole em pedra dura tanto bate até que fura." *(Ditado popular.)*

185. O filme *Cidade de Deus*, de Fernando Meirelles.

186. A poesia de Manuel Bandeira, amigo do rei lá em Pasárgada.

187. Eva Wilma como as gêmeas Ruth e Raquel na primeira versão de *Mulheres de Areia*, em 1973, na TV Tupi.

188. Frutas com J, como jambo, jamelão, jenipapo, jabuticaba e jaca.

189. As cestas da Hortência e da Magic Paula.

190. O samba de breque de Moreira da Silva, o Kid Morengueira.

191. O uniforme do malandro: terno de linho branco, gravata vermelha, sapato bicolor e chapéu-panamá.

192. Rabanada na ceia de Natal.

193. Luz del Fuego.

194. A camisa canarinho.

195. A crônica esportiva de João Saldanha.

196. "Meu coração, não sei por quê/ Bate feliz, quando te vê/ E os meus olhos ficam sorrindo/ E pelas ruas vão te seguindo/ Mas, mesmo assim, foges de mim." *(Trecho de* Carinhoso, *de Pixinguinha e João de Barro.)*

197. Os olhos verdes de Bruna Lombardi.

198. O Teatro de Arena, que, nos anos 50, levou a classe operária – e os autores nacionais – para o palco.

199. A peça *Eles Não Usam Black-Tie*, de Gianfrancesco Guarnieri.

200. As praias de Búzios, no Rio de Janeiro.

201. Roda de capoeira ao som de berimbau.

202. Caipirinha. Limão amassado, gelo, açúcar e cachaça. É o drinque que tem a cara do Brasil.

203. A literatura de cordel.

204. Dina Sfat.

205. Adhemar Ferreira da Silva, Joaquim Cruz, Aurélio Miguel, Robert Scheidt e outros atletas brasileiros que conquistaram medalhas olímpicas. Viraram heróis nacionais.

•

"Montanhas, florestas, praias, mares, gente boa, pobreza... Quanta contradição! Quanta vontade de tudo modificar! Como gostamos do nosso país!"

Oscar Niemeyer

206. As medalhas olímpicas do vôlei brasileiro: a geração de prata (Bernard, Renan, William, Montanaro e cia.) e a geração de ouro (Tande, Giovane, Marcelo Negrão, Maurício e cia.)

207. E, ainda, a geração da areia: Jacqueline, Sandra, Adriana e Mônica.

208. O charme e o glamour do Hotel Copacabana Palace, desde 1923 na Praia de Copacabana.

209. O filme *Central do Brasil*, de Walter Salles.

210. Fernanda Montenegro. Precisa dizer mais alguma coisa?

211. O Pico da Neblina. Com 3.014 metros, é o ponto mais alto do país. Fica no Amazonas, quase na fronteira com a Venezuela.

212. O luar do Sertão.

213. Catulo da Paixão Cearense.

214. A geração do desbunde, nos anos 60 e 70.

215. Ser prafrentex.

216. *O Guarani*, de José de Alencar.

217. O ator Wilson Grey, um recordista do cinema nacional, com mais de 250 filmes no currículo.

218. Goiabada cascão.

219. Queijo Catupiry.

220. Goiabada cascão com queijo Catupiry, uma das várias versões da sobremesa conhecida como Romeu e Julieta.

221. Os banhos de rio de Cristiana Oliveira, a Juma Marruá, em *Pantanal*, de Benedito Ruy Barbosa. Em 1990, na Manchete.

222. O Mercado Modelo de Salvador.

223. Corinthians e Palmeiras no Morumbi.

224. Raul Seixas, que preferia ser uma metamorfose ambulante a ter uma velha opinião formada sobre tudo.

225. A feira hippie de Ipanema.

226. As entrevistas de Marília Gabriela.

227. Jardim com roseira, maria-sem-vergonha, margarida, samambaia e caramanchão com trepadeira.

228. O *Falcão Negro*, o herói espadachim da TV Tupi, no fim dos anos 50.

229. A Caatinga.

230. Gal Costa cantando *Baby*, *Folhetim*, *Festa do Interior*, etc.

231. Olha a pamonha!

232. O coqueiral da Praia dos Carneiros, em Pernambuco.

233. Camponeses, retirantes e trabalhadores rurais nas telas de Cândido Portinari.

234. Zumbi dos Palmares.

235. As cerâmicas marajoaras são relíquias de civilizações antigas que chegaram na Ilha de Marajó há cerca de 1.500 anos.

236. O filme *O Bandido da Luz Vermelha*, de Rogério Sganzerla.

237. Chorinho. Com cavaquinho, flauta, bandolim, violão de sete cordas e pandeiro.

238. O Brasil é um país que contagia. Muitos estrangeiros, quando se mudam para cá, ficam até mais brasileiros que nós mesmos.

239. As antigas fazendas de café.

240. "Quem matou Salomão Hayala?" era a pergunta que não queria calar na trama de *O Astro*, de Janete Clair, em 1978, na Globo.

241. O Brasil em preto-e-branco nas fotos de Pierre Verger.

242. O livro *Viva o Povo Brasileiro*, de João Ubaldo Ribeiro.

243. Pajelança. A dos índios, claro.

244. A folha-seca, de Didi. A bola subia despretensiosa e, perto do gol, mudava de direção e enganava o goleiro.

245. As caricaturas de Nássara.

246. A areia – quase sempre branca – das praias brasileiras.

247. Fagner cantando *Canteiros*.

248. A poesia de Cecília Meireles.

249. A fauna e a flora do Cerrado.

250. O centro histórico de Goiás Velho, Patrimônio Mundial da Humanidade.

251. O saque jornada-nas-estrelas, de Bernard.

252. *Dancin' Days*, a novela de Gilberto Braga, que, em 1978, botou o Brasil para dançar.

253. As Frenéticas cantando *Dancin' Days* e mandando todo mundo abrir as asas e soltar as feras.

254. Meias de *lurex*.

255. O bigode do Rivellino.

256. "Minha terra tem palmeiras/ Onde canta o sabiá/ As aves que aqui gorjeiam/ Não gorjeiam como lá." *(Trecho de* Canção do Exílio, *poema de Gonçalves Dias, o maior nome da poesia romântica brasileira.)*

257. As conquistas de Amyr Klink. Em 1984, ele cruzou o Atlântico num barco de 5,95 metros, remando sozinho durante 101 dias. Não parou mais.

258. O carnaval carioca.

259. O desfile das escolas de samba na Marquês de Sapucaí.

260. A Estação Primeira de Mangueira – com Jamelão cantando o samba.

261. Os desfiles da Portela, da Beija-Flor, do Salgueiro, da Imperatriz Leopoldinense.

262. A bateria da Mocidade Independente de Padre Miguel.

263. A comissão de frente, os carros alegóricos, o mestre-sala e a porta-bandeira.

264. A ala das baianas.

265. O samba no pé das passistas.

266. As madrinhas de bateria. Destaque para Luma de Oliveira.

267. O grito "Dez, nota dez!", de Carlos Imperial, na apuração do resultado dos desfiles.

268. "Pobre gosta de luxo. Quem gosta de miséria é intelectual." *(Joãosinho Trinta, carnavalesco.)*

269. A Lagoa dos Patos, no Rio Grande do Sul. Com cerca de dez mil quilômetros quadrados, é considerada a maior lagoa do mundo.

270. Os cartuns de Jaguar.

271. Viver num regime democrático.

272. Os antigos programas de auditório da Rádio Nacional.

273. Marlene (a preferida da Aeronáutica) e Emilinha (a favorita da Marinha) – e a rivalidade entre elas e seus fã-clubes.

274. Jorge Ben Jor cantando *País Tropical*, *Fio Maravilha*, *Taj Mahal*, *Salve Simpatia*, etc.

275. Acarajé. Com pimenta. Malagueta.

276. O delta do Rio Parnaíba, com suas ilhas, praias e dunas, na divisa do Piauí com o Maranhão.

277. A poesia de Paulo Leminski.

278. Futebol de praia e futebol de salão, invenções brasileiras.

279. Sônia Braga como Dona Flor no cinema.

280. *Dona Flor e Seus Dois Maridos*, de Bruno Barreto, é o filme mais visto da história do cinema nacional, com 11 milhões de espectadores.

281. Os festivais da canção das décadas de 60 e 70.

282. Geraldo Vandré cantando *Para Não Dizer que Não Falei de Flores*. Afinal, quem sabe faz a hora, não espera acontecer.

283. O passe de calcanhar do Sócrates.

284. Canjica.

285. O prédio do Museu de Arte de São Paulo (Masp), inaugurado em 1968. Assinado por Lina Bo Bardi, tem um impressionante vão livre de 70 metros de comprimento.

286. O acervo do Masp, avaliado em mais de 1 bilhão de dólares, é um dos mais importantes da América do Sul. Além de trabalhos de artistas brasileiros, possui obras de Rembrandt, Renoir, Van Gogh, Botticelli.

287. Os bombons Serenata de Amor e Sonho de Valsa.

288. Lutadores de telecatch da década de 60: Ted Boy Marino, Homem-Montanha, Tigre Paraguaio, Rasputim e Múmia.

289. A Praia da Boa Viagem, em Recife.

290. Zeca Pagodinho.

291. O folclore e as lendas brasileiras nos livros de Câmara Cascudo.

292. Mula-sem-Cabeça, Boitatá, Caipora, Iara, Curupira, Negrinho do Pastoreio. E o mais simpático de todos, o Saci-Pererê.

293. Os Mamonas Assassinas cantando *Pelados em Santos* e *Robocop Gay*.

294. As areias monazíticas de Guarapari, no Espírito Santo.

295. Cerca de 40 milhões de brasileiros dedicam parte de seu tempo ao trabalho voluntário.

296. O programa *Qual É a Música?*, no SBT, com o maquiadíssimo Pablo dublando os cantores.

297. Dança de salão.

298. Botequim, também chamado de boteco, pé-sujo, etc. Em qualquer esquina. Em quase todos os horários. Desse jeito, só aqui tem.

299. Comida de botequim: frango à passarinho, lingüiça frita com cebola, filezinho aperitivo e, para os mais corajosos, ovo cor-de-rosa.

300. Todo o código pelo qual os brasileiros se comportam nos botequins, bares e afins.

301. Conhecer pelo menos um garçom pelo nome.

302. Ser reconhecido pelos garçons, mesmo que eles não saibam seu nome.

303. Se algum deles souber, melhor ainda.

304. Pedir para o garçom ser generoso nas doses de bebida e dizer: "Capricha aí, hein!"

305. Dar um gole para o santo.

306. Beber a saideira.

307. A Biblioteca Nacional, no Rio de Janeiro, com seus cerca de 8,5 milhões de livros e documentos. O volume mais antigo é a Bíblia da Mogúncia, de 1462, prensada poucos anos depois de Gutenberg ter inventado a imprensa.

308. A reinvenção do mundo na obra de Arthur Bispo do Rosário. Especialmente seu Manto da Apresentação, feito para o dia do Juízo Final.

309. A Jovem Guarda.

310. Celly Campello cantando *Estúpido Cupido* e *Banho de Lua.*

311. Doces em compota: abóbora com coco, laranja da terra...

312. As praias fluviais do Rio Tocantins.

313. Consultar uma palavra no Aurélio.

314. Patinhas de caranguejo.

315. Machado de Assis, considerado o maior escritor brasileiro.

316. Dom Casmurro e o enigma de Capitu.

317. *Memórias Póstumas de Brás Cubas.*

318. Sinhozinho Malta (Lima Duarte) e Viúva Porcina (Regina Duarte) eram os adoráveis trambiqueiros de *Roque Santeiro*, de Dias Gomes, em 1985, na Globo.

319. A bossa nova.

320. Um cantinho, um violão e Tom Jobim cantando *Corcovado, Samba do Avião, Águas de Março, Desafinado,* etc.

321. João Gilberto cantando *Chega de Saudade.*

322. A batida do violão de João Gilberto.

323. A voz classuda de Elizete Cardoso, a Divina.

324. O ET de Varginha.

325. O misticismo de São Tomé das Letras.

326. Carrocinha de pipoca, carrocinha de milho e carrocinha de churros.

327. O romance *O Quinze*, de Rachel de Queiroz.

328. As praias, a descontração dos nativos e a beleza das falésias de Trancoso, na Bahia.

329. A marchinha de carnaval *Cidade Maravilhosa*.

330. A Ópera de Arame de Curitiba.

331. A indumentária gaúcha: bombachas, poncho nos dias de frio, chapéu de abas largas, lenço no pescoço.

332. Chimarrão.

333. Bobó de camarão.

334. Kleiton e Kledir cantando *Deu pra Ti, Maria Fumaça,* etc.

335. Rodinha de violão, com adolescentes cantando *Andança,* do repertório de Danilo Caymmi, e todas as músicas do Oswaldo Montenegro.

336. O Boca Livre tocando *Toada.*

337. A publicidade brasileira é considerada uma das melhores do mundo.

338. O Brasil tem uma dinastia de pilotos campeões de Fórmula 1: Emerson Fittipaldi, Nelson Piquet e "Ayyyyyrton Senna do Brasil!", como costumava gritar o locutor esportivo Galvão Bueno. Como era bom acordar cedo nos domingos para ver suas vitórias.

339. A mulata brasileira.

340. A mulata brasileira nas telas de Di Cavalcanti.

341. Valéria Valenssa, a mulata Globeleza.

342. A Mata Atlântica. Ou, pelo menos, o que restou dela.

343. Colônias de pescadores.

344. Ernesto Nazareth, o gênio do piano popular carioca do início do século XX.

345. O tamanduá-bandeira.

346. As hortênsias de Gramado.

347. O espetáculo *O Grande Circo Místico*, de Naum Alves de Souza, com músicas de Chico Buarque e Edu Lobo.

348. Bis, Choquito, Lolo, Prestígio, Diamante Negro, Baton, Sensação, Alpino.

349. *O Menino Maluquinho*, *Flicts*, *A Turma do Pererê* e outras histórias infantis de Ziraldo.

350. Atlético e Cruzeiro no Mineirão.

351. As fotos de Miguel do Rio Branco.

352. Pastel. De carne, de queijo, de camarão.

353. Caldo de cana.

354. Pastel com caldo de cana.

355. A Chapada dos Guimarães, em Mato Grosso do Sul. Paredões cor de laranja com mais de 500 metros de altura, cachoeiras, temperaturas amenas.

356. As esculturas de Franz Weissman.

357. O Teatro Municipal do Rio de Janeiro, inspirado na Ópera de Paris. Desde 1909, na Cinelândia.

358. Gilberto Gil cantando *Domingo no Parque, Aquele Abraço, Drão*...

359. O desenho das ondas do mar no calçadão de Copacabana.

360. *A Turma do Lambe-Lambe*, de Daniel Azulay. ("Olááá, amiguinhos...")

361. O sabonete Phebo.

362. O lirismo na pintura de Guignard. (Especialmente nas paisagens com as montanhas de Minas Gerais.)

363. Praça com coreto.

364. Andar de charrete.

365. Mário Fofoca, o detetive trapalhão interpretado por Luiz Gustavo na novela *Elas por Elas*, de Cassiano Gabus Mendes. Em 1982, na Globo.

366. Os concursos de Miss de antigamente.

367. Mãe de Miss.

368. O Ultraje a Rigor tocando *Inútil*, *Rebelde sem Causa*, *Ciúme*, *Eu me Amo*, *Nós Vamos Invadir Sua Praia*, etc.

369. Churrascaria rodízio: picanha, maminha, fraldinha, lingüiça, coração de galinha, lombinho, cupim... Os turistas estrangeiros enlouquecem com tanta carne.

370. O teatro de Nelson Rodrigues. (Destaque para *Vestido de Noiva*. Sua estréia, em 1943, sob a direção de Ziembinski, é considerada o marco inaugural do moderno teatro brasileiro.)

371. As crônicas esportivas de Nelson Rodrigues – e aqueles gols estranhos marcados pelo "Sobrenatural de Almeida".

372. Nelson Rodrigues também era um frasista genial. Alguns exemplos: "Dinheiro compra tudo. Até amor verdadeiro"; "Todo canalha é magro"; "Jovens de todo o mundo: envelheçam"; "Se todos conhecessem a intimidade sexual uns dos outros, ninguém cumprimentaria ninguém".

373. A batucada do Olodum.

374. O petróleo é nosso!

375. Feijão-de-corda com manteiga de garrafa.

376. O Noel Rosa de *Gago Apaixonado, Com que Roupa?, Último Desejo, Fita Amarela, Três Apitos,* etc.

377. Araci de Almeida, a intérprete preferida de Noel, cantando *Conversa de Botequim.*

378. Os apelidos de algumas cidades brasileiras: Teresina (Cidade Verde), Florianópolis (Ilha da Magia), Rio de Janeiro (Cidade Maravilhosa), São Paulo (Terra da Garoa), São Luís (Ilha do Amor), Recife (Veneza Brasileira), Campo Grande (Cidade Morena).

379. Piada de português, de papagaio, de elefante.

380. A novela *O Direito de Nascer,* no rádio e na televisão, com os inesquecíveis Albertinho Limonta, Maria Helena e Mamãe Dolores.

381. Carrinho de rolimã.

382. A sanfona de Dominguinhos.

383. A urna eletrônica.

384. *As Comédias da Vida Privada*, de Luís Fernando Veríssimo.

385. O boto-cor-de-rosa.

386. *Limite*, a obra-prima de Mário Peixoto, o último grande filme silencioso brasileiro.

387. O centro histórico de Parati, no litoral sul do Rio de Janeiro.

388. O Cinema Novo.

389. O filme *Rio 40 Graus*, de Nelson Pereira dos Santos.

390. "Uma câmera na mão e uma idéia na cabeça." *(O lema do Cinema Novo.)*

391. Só não entende o Brasil quem não quer. Diversos intelectuais, em diferentes épocas, dedicaram-se a destrinchar o país em seus livros.

392. *Casa-Grande & Senzala*, de Gilberto Freyre.

393. *Formação do Brasil Contemporâneo*, de Caio Prado Júnior.

394. *Raízes do Brasil*, de Sérgio Buarque de Holanda.

395. *Formação Econômica do Brasil*, de Celso Furtado.

396. *Um Estadista do Império*, de Joaquim Nabuco.

397. *Dom João VI no Brasil*, de Manuel de Oliveira Lima.

398. *Formação da Literatura Brasileira*, de Antonio Candido.

399. *Os Índios e a Civilização*, de Darcy Ribeiro.

400. *Os Donos do Poder*, de Raymundo Faoro.

401. *Retrato do Brasil*, de Paulo Prado.

402. Angela Ro Ro cantando *Amor, Meu Grande Amor*.

403. Cachorro vira-lata.

404. Os casarões do século XIX da Rua da Aurora, em Recife.

405. Os Lençóis Maranhenses, região repleta de lagoas de águas cristalinas intercaladas por dunas de até 50 metros de altura. É considerada a região de deserto com maior densidade demográfica de oásis do mundo.

406. A poesia de Gregório de Mattos, o Boca do Inferno.

407. Frei Galvão, beatificado pelo Papa João Paulo II em 1998.

408. O programa infantil *Vila Sésamo*. Com Sônia Braga, Armando Bógus e Aracy Balabanian na versão brasileira.

409. Acelino de Freitas, o Popó.

410. Água-de-coco.

411. A arquitetura de Brasília, jóia máxima do Modernismo brasileiro, com plano-piloto do urbanista Lúcio Costa e prédios e monumentos que levam a assinatura de Oscar Niemeyer.

412. Doce de leite.

413. Lulu Santos cantando *Tempos Modernos*, *De Repente Califórnia*, *Último Romântico*...

414. O Teatro da Paz, em Belém. Em estilo neoclássico, foi inspirado no Scala de Milão. Inaugurado em 1878.

415. A Floresta da Tijuca, no Rio de Janeiro, é a maior floresta urbana do mundo.

416. A riqueza das expressões regionais brasileiras.

417. Baianos falam “meu rei”.

418. Nordestinos, de uma maneira geral, falam “oxente”.

419. Mineiros falam “uai” e “sô”.

420. Paulistas falam “ô meu”.

421. Gaúchos falam “tchê” e “bá”.

422. Cariocas falam “mermão”, quer dizer, “meu irmão”.

423. Macunaíma, o herói sem nenhum caráter de Mário de Andrade.

424. Grande Otelo como Macunaíma no filme homônimo de Joaquim Pedro de Andrade.

425. Grande Otelo e Oscarito nas chanchadas da Atlântida.

426. Gritos de guerra como “Uh-tererê!”, “Por que parou? Parou por quê?”, “Ah, eu tô maluco!”, “Tá dominado!”.

427. Os 50 milhões de livros vendidos por Paulo Coelho em todo o mundo.

428. Racismo é crime.

429. Cuba libre.

430. Falar abobrinhas.

431. O sofá da Hebe Camargo.

432. Cala a boca Ofélia!

433. Neutrox, Denorex, Henê Maru, Polvilho Antisséptico Granado, Leite de Rosas...

434. Grêmio e Internacional (o clássico GreNal) no Estádio Olímpico ou no Beira-Rio.

435. O teatro besteirol.

436. Guilherme Karan e Miguel Falabella na peça *Sereias da Zona Sul*.

437. Santo do pau oco.

438. Frutas de nomes estranhos como cirigüela, tamarindo, graviola, taperebá e cupuaçu.

439. Rei Momo.

440. O *Poema Sujo*, de Ferreira Gullar.

441. O topless de Stella Simpson (Tônia Carreiro), em *Água Viva*, de Gilberto Braga, em 1980, na Globo.

442. As caricaturas de J. Carlos.

443. A Seleção Brasileira de Vôlei Masculino – Nalbert, Giba, André, Gustavo e cia. – foi campeã mundial pela primeira vez em 2002.

444. O suingue de Sandra de Sá.

445. Distribuição de doces no Dia de São Cosme e São Damião.

446. Maria-mole, suspiro, pirulito Zorro, bananada, paçoca, torrone...

447. O Museu Nacional de Belas Artes, no Rio de Janeiro, tem o maior acervo do Brasil em obras do século XIX.

448. O violão de Baden Powell.

449. Acompanhar novela. (Quando a novela é boa, é claro.)

450. As novelas de Janete Clair.

451. Tutu à mineira.

452. A *Sessão da Tarde.*

453. Ver *A Fantástica Fábrica de Chocolate* na *Sessão da Tarde.*

454. A sandália Melissinha.

455. “Não existe nada mais antigo/ Do que cowboy que dá cem tiros de uma vez/ A avó da gente deve ter saudade/ Do zing-pow, do cinto de inutilidades.” *(Trecho de* Cinto de Inutilidades, *de Marcos Valle, Paulo Sérgio Valle e Celson Motta, tema do* Globo Cor Especial, *nos anos 70, na Rede Globo.)*

456. As ruínas do Castelo de Garcia D’Ávila, na Praia do Forte, na Bahia. É o único monumento brasileiro dos anos 1500 que ainda está de pé.

457. Férias de inverno em Campos do Jordão.

458. Café colonial em Gramado ou Canela.

459. A campanha das Diretas Já!

460. “Um, dois, três, quatro, cinco mil, queremos eleger o presidente do Brasil.” *(Grito popular na campanha das Diretas Já!)*

461. E, nos anos 80, o Brasil inteiro dançou lambada.

462. Picadinho com arroz, farofa, ovo, banana e caldo de feijão.

463. O ipê-roxo e o ipê-amarelo.

464. A Banda de Ipanema.

465. Dick Farney cantando *Copacabana.*

466. Shazan, Xerife e sua camicleta voadora. (E Paulo José e Flávio Migliaccio para sempre na memória.)

467. O design dos móveis dos irmãos Humberto e Fernando Campana.

468. A literatura infanto-juvenil de Ana Maria Machado, Lygia Bojunga, Ruth Rocha, Edy Lima, Pedro Bandeira...

469. Azeite-de-dendê.

470. Os tapetes de serragem colorida nas procissões religiosas da Semana Santa em Minas Gerais.

471. O *Soneto de Fidelidade*, de Vinicius de Moraes. (Raras vezes se definiu tão bem o amor.)

472. O desfile do bloco Galo da Madrugada na manhã do sábado de carnaval, em Recife.

473. O Pantanal Mato-Grossense, com seus cerca de 140 mil quilômetros quadrados de planície inundável. É uma das regiões mais ricas em vida silvestre do planeta. Em 2001, a Unesco reconheceu o Pantanal como Patrimônio Mundial da Humanidade.

474. O vôo do tuiuiú.

475. A capivara, que é considerada o maior animal roedor do mundo.

476. O toque do berrante na lida com o gado.

477. A viola pantaneira de Helena Meireles.

478. A poesia de Manoel de Barros, conhecido como "o grande poeta das pequenas coisas".

479. Cadeiras de palhinha.

480. Os Paralamas do Sucesso tocando *Óculos, Lanterna dos Afogados, Meu Erro, Vital e Sua Moto, Alagados...*

481. Fazer oferendas para Iemanjá na noite do dia 31 de dezembro. Não importa qual seja a sua religião.

482. Tiradentes e a Inconfidência Mineira.

483. Antonio Fagundes e Stênio Garcia no seriado *Carga Pesada.*

484. Pelé, o Atleta do Século.

485. O milésimo gol do Pelé.

486. Os romances de Moacyr Scliar.

487. Domingo de sol na praia.

488. Jogar frescobol.

489. Catar tatuí.

490. Fazer castelos de areia.

491. Pegar jacaré.

492. Pedro Paulo Carneiro Lopes, o Pepê. Morto num acidente, ele foi a maior estrela do vôo livre que o Brasil já teve.

493. Fotógrafos lambe-lambe.

494. Pasta de dente Kolynos.

495. As instalações de Lygia Pape.

496. O dueto de Elba Ramalho e Marieta Severo em *O Meu Amor*, no musical *Ópera do Malandro*, de Chico Buarque.

497. O Atol das Rocas, a cerca de 250 quilômetros da costa do Rio Grande do Norte. É o único atol do Atlântico Sul e virou reserva biológica em 1979. (Atol é um recife de forma circular, com uma laguna central.)

498. Silvio Santos, suas "colegas de trabalho", e o *jingle* "Silvio Santos vem aí, lá-rá, lá-rá-rá".

499. Lombardi anunciando os prêmios: "É um tênis Montreal, Silvio!"

500. Os jurados Pedro de Lara, Elke Maravilha (e seus penteados malucos), Nelson Rubens, Décio Piccinini... "O Décio Piccinini é coisa nossa, mas que vai, vai..."

501. Dizer que viu o programa do Silvio Santos quando estava passando pelo quarto da empregada, a televisão estava ligada... bom, todo mundo sabe como funciona essa desculpa.

502. Empadinha de camarão, de queijo, de palmito.

503. O rebolado da Gretchen.

504. O Kid Abelha tocando *Fixação*, *Como Eu Quero*, *Amanhã É 23,* etc.

505. O seriado *Malu Mulher*, da Globo, que colocou no ar, em 1979, o universo da mulher descasada. (E pensar que esse tipo de assunto já foi tabu.)

506. Os filmes de José Mojica Marins, o Zé do Caixão.

507. Os olhos azuis de Ana Paula Arósio.

508. Quando é preciso, o brasileiro levanta, sacode a poeira e dá a volta por cima.

509. *Ô Abre-Alas*, de Chiquinha Gonzaga, de 1899, foi a primeira música de carnaval composta no país.

510. A Seleção de 1982, que não ganhou a Copa da Espanha, mas foi uma das melhores que o país já teve. Salve Zico, Sócrates, Falcão, Júnior e cia.

511. O bloco Afoxé Filhos de Gandhi.

512. A Semana de Arte Moderna de 1922.

513. *O Manifesto Antropófago*, de Oswald de Andrade, e seu "Tupy or not Tupy?".

514. Feijoada completa: feijão preto (com carne do porco, lingüiça, paio, toucinho, etc.), arroz, farinha, couve, torresmo e laranja.

515. "Uma feijoada só é completa quando tem ambulância na porta." *(Sérgio Porto, o Stanislaw Ponte Preta, cronista.)*

516. Vera Fischer.

517. O Brasil Império nas litografias de Debret.

518. A turma da Mônica, Chico Bento, Pelezinho e outros personagens de Maurício de Souza.

519. Jogo de truco ou buraco.

520. O Mercado Ver-o-Peso, em Belém.

521. A chegada do circo na cidade.

522. Guloseimas de circo: maçã-do-amor, algodão-doce, pipoca...

523. O Circo Garcia.

524. O Parque Nacional das Emas, em Goiás, é a glória do Cerrado brasileiro. Gavião-carcará? Tem. Cupinzeiros? Tem. Veado-campeiro? Tem. Tatu-galinha? Tem. É também Patrimônio Mundial da Humanidade.

525. A ema é a maior ave brasileira. (Chega a medir 1,70 metro de altura.)

526. O pequeno e aconchegante Teatro Municipal de Ouro Preto. Inaugurado em 1770, é o mais antigo da América do Sul.

527. O Açude do Cedro, em Quixadá, no Ceará. É o mais antigo do Brasil. Nas suas margens, a Pedra da Galinha Choca.

528. A imigração japonesa – e o bairro da Liberdade – em São Paulo.

529. A Tropicália.

530. Os Doces Bárbaros.

531. Os Mutantes.

532. Os Novos Baianos.

533. "Celacanto provoca maremoto."
(Pichação nos muros cariocas, na década de 70. Chegou-se a pensar que era uma troca de mensagens entre grupos guerrilheiros, mas não era nada.)

534. As marinhas de Pancetti.

535. As ruínas da Igreja de São Miguel da Missões, do século XVIII, no Rio Grande do Sul. Declaradas pela Unesco, em 1983, Patrimônio Mundial da Humanidade.

536. Paulo Autran e Fernanda Montenegro atirando tortas um no outro no café da manhã mais lambuzado da história em *Guerra dos Sexos*, de Silvio de Abreu, em 1983, na Globo.

•

"Gosto do calor, gosto do mar,
gosto da simplicidade do povo e
da sensualidade das pessoas...
O Brasil é um país onde
reina uma promessa de felicidade,
e nós brasileiros
acreditamos nisso."

Marina Lima

537. O Arquipélago de Anavilhanas, no Rio Negro, na Amazônia.

538. Louva-deus.

539. A música-tema da visita do Papa João Paulo II ao Brasil, em 1980: "A bênção João de Deus, nosso povo te abraça..."

540. A Lagoa da Pampulha, em Belo Horizonte.

541. A igreja da Pampulha (na verdade, Igreja de São Francisco de Assis). Projeto de Oscar Niemeyer, jardins de Burle Marx, azulejos e via-sacra de Cândido Portinari.

542. *Coisinha do Pai*, na voz de Beth Carvalho, foi o primeiro – e até agora o único – samba interplanetário da História. Em 11 de julho de 1997, a música "despertou" o equipamento da missão Mars Pathfinder, que explorava a superfície do planeta Marte.

543. Mate Leão.

544. Biscoito Globo.

545. Chico Buarque cantando *Construção, Trocando em Miúdos, Apesar de Você...*

546. Chico cantando qualquer coisa.

547. Os olhos verdes do Chico Buarque.

548. "Panela velha é que faz comida boa." *(Ditado popular.)*

549. Manga-espada.

550. As aberturas de novela de Hans Donner.

551. As águas cristalinas dos rios de Bonito, no Mato Grosso do Sul.

552. *Os Sertões*, de Euclides da Cunha.

553. As esculturas de Frans Krajcberg.

554. Carlos Burle, o surfista brasileiro que, em 2001, entrou para a história do surfe ao descer, na Califórnia, uma onda de 30 metros de altura.

555. O Rochedo Dois Irmãos, em Fernando de Noronha, espécie de símbolo do arquipélago.

556. O Morro Dois Irmãos, no final da Praia do Leblon, no Rio de Janeiro.

557. Aplaudir o pôr-do-sol no Posto 9, em Ipanema.

558. Flor de mandacaru, sinal de chuva no Sertão.

559. Luiz Gonzaga cantando *Asa Branca.*

560. O baião.

561. Marta Rocha, Miss Brasil em 1954 – as tais duas polegadas a mais não têm a menor importância.

562. As cobranças de falta do Zico.

563. O calor dos trópicos.

564. A neve que cai – tudo bem, é só de vez em quando – na serra gaúcha.

565. O violoncelista Antonio Meneses, um dos maiores nomes do mundo em seu instrumento.

566. Os contos e romances de Clarice Lispector.

567. Fernanda Torres e Thales Pan Chacon em *Eu Sei que Vou Te Amar*, filme de Arnaldo Jabor, que, em 1986, deu a Fernanda o prêmio de melhor atriz no Festival de Cannes.

568. O ninho do joão-de-barro.

569. A poesia de Cora Coralina.

570. Gafieira.

571. Em 1894, Charles Miller trouxe para o Brasil a primeira bola de futebol. Foi onde tudo começou.

572. O futebol-arte.

573. O Maracanã.

574. Torcidas organizadas – e como o brasileiro adora torcer e sofrer por seu time.

575. Charanga em estádio de futebol.

576. Almofada com o escudo do time. (Para levar para a arquibancada.)

577. Xingar o árbitro assim que ele entra em campo.

578. Ouvir o jogo no radinho de pilha (mesmo estando no estádio, de olho na partida).

579. "Banheira!" *(Grito do comentarista Mário Vianna.)*

580. "Domingo, eu vou ao Maracanã/ Vou torcer pro time que sou fã/ Vou levar foguetes e bandeiras/ Não vai ser brincadeira, ele vai ser campeão." *(Trecho da música* O Campeão (Meu Time), *de Neguinho da Beija-Flor.)*

581. Ver os gols da rodada e a mesa-redonda na TV, domingo à noite.

582. Depois da vitória, vestir a camisa do time na segunda-feira.

583. O rock de Cássia Eller.

584. Não custa nada lembrar: no Brasil não tem terremoto, vulcão, nevasca, furacão – e tampouco guerras religiosas ou conflitos étnicos.

585. Futivôlei.

586. A cozinha maravilhosa da Ofélia.

587. Milton Nascimento cantando *Maria Maria*, *Coração de Estudante*, *Travessia...*

588. O Elevador Lacerda, em Salvador.

589. O Museu Imperial de Petrópolis, no Rio de Janeiro, onde estão os móveis, os objetos, as jóias – a coroa, inclusive – da família imperial.

590. A sucuri é a maior cobra do mundo. Pode alcançar até dez metros de comprimento. Também é conhecida como anaconda.

591. No ano 2000, o Balé Bolshoi, de Moscou, abriu sua primeira filial fora da Rússia, uma escola de dança voltada para crianças carentes, em Joinville, Santa Catarina.

592. *O Monumento às Bandeiras*, de Victor Brecheret, no Parque do Ibirapuera, em São Paulo.

593. A geração do *TV Pirata:* Regina Casé, Diogo Villela, Débora Bloch, Luís Fernando Guimarães, Cláudia Raia, Guilherme Karan, etc.

594. Moqueca capixaba em panela de barro.

595. A constelação do Cruzeiro do Sul.

596. As festas e os tipos populares brasileiros nas fotos de Marcel Gautherot.

597. O vozeirão da Elza Soares.

598. A Ilha do Bananal, no Rio Araguaia, em Tocantins. É a maior ilha fluvial do mundo, com 20 mil quilômetros quadrados.

599. Carnaval fora de época.

600. Jofre Soares e Miriam Pires no filme *Chuvas de Verão.*

601. O médico sanitarista Adolpho Lutz e seus trabalhos pioneiros sobre doenças como cólera, febre amarela e malária.

602. Suco de maracujá, refresco de groselha e suco de caju.

603. Stanislaw Ponte Preta e seu Febeapá, ou Festival de Besteiras que Assola o País.

604. O dialeto do colunista social Ibrahim Sued, que marcou época com expressões como "kar" (elegante); "shangay" (cafona); "sorry, periferia"; "champanhota" e "geração pão-com-cocada".

605. "É bom, passar uma tarde em Itapuã/ Ao sol que arde em Itapuã/ Ouvindo o mar de Itapuã/ Falar de amor em Itapuã." *(Trecho de* Tarde em Itapuã, *de Toquinho e Vinicius de Moraes.)*

606. Toquinho e Vinicius de Moraes cantando *Carta ao Tom 74*.

607. O tabuleiro da baiana.

608. Vatapá: farinha de trigo, peixe desfiado, camarão fresco, camarão seco, amendoim, gengibre, leite de coco, azeite-de-dendê, etc.

609. Caruru: quiabo, camarão seco, peixe, farinha de mandioca, cebola, pimenta-malagueta, amendoim, etc.

610. Munguzá: mingau de milho com leite, leite de coco, temperado com açúcar, cravo e canela.

611. Elis Regina e Jair Rodrigues no show *O Fino da Bossa.*

612. A jaguatirica, o felino tipicamente brasileiro – e ameaçado de extinção.

613. A peça *Auto da Compadecida*, de Ariano Suassuna.

614. A Osesp, Orquestra Sinfônica do Estado de São Paulo.

615. Dirigir um Fuscão preto, uma Brasília amarela, um Mustang cor de sangue ou um Corcel cor de mel.

616. Serenatas ao luar.

617. Os índios e os negros do Brasil Império nas gravuras de Johann Moritz Rugendas.

618. O Pão de Açúcar, no Rio de Janeiro. (Inaugurado em 1912, o bondinho que leva os visitantes ao topo foi o primeiro teleférico do Brasil – e o terceiro do mundo.)

619. Queijo de Minas.

620. Vital Brasil, o descobridor, no fim do século XIX, do soro antiofídico.

621. As sandálias Havaianas: não têm cheiro, não deformam e não soltam as tiras.

622. O filme *Bar Esperança, o Último que Fecha*, de Hugo Carvana.

623. O Padre Cícero Romão Batista. Ou Padim Ciço, como se diz em Juazeiro, no Ceará.

624. Romaria.

625. Os casarões coloniais, as igrejas barrocas e o calçamento em pé-de-moleque das ruas de Tiradentes, em Minas Gerais.

626. O amor em diferentes épocas de João Maciel (Paulo Gracindo/Gracindo Júnior) por Carolina (Yara Cortes/Sandra Barsotti) em *O Casarão*, de Lauro César Muniz, em 1976, na Globo.

627. O samba *Jura*, de Sinhô.

628. *O Pasquim*. Nos anos de chumbo, com seu humor e linguagem irreverente, o jornal chegou a vender 200 mil exemplares por semana.

629. O vôo do beija-flor.

630. Os Titãs tocando *Marvin*, *Comida*, *Família*...

631. Revistas como *Tico-Tico*, *Fon-Fon*, *Careta*, *A Cigarra*, *O Cruzeiro*, *Realidade* e *Manchete*.

632. Cláudia Jimenez como a doméstica Edileuza no *Sai de Baixo*.

633. As festas juninas e todo o seu característico ritual.

634. Fantasia de caipira, com direito a chapéu de palha e maquiagem tosca.

635. Dançar quadrilha.

636. Assar batata-doce na fogueira.

637. Pular a fogueira.

638. Beber quentão.

639. Brincar de quebrar a moringa, equilibrar o ovo na colher, pescaria, bingo e corrida do saco.

640. "Com a filha de João/ Antonio ia se casar/ Mas Pedro fugiu com a noiva/ Na hora de ir pro altar." *(Trecho de* Antonio, Pedro e João, *de Benedicto Lacerda e Oswaldo Santiago.)*

641. As tradicionais festas juninas de Campina Grande, na Paraíba, e Caruaru, em Pernambuco.

•

"Tendo viajado o mundo todo,
não encontrei em outro lugar um
espírito de cordialidade como o
daqui, e uma raça tão verdadeira
por possuir um pouco de
cada raça."

Ivo Pitanguy

642. A Bienal de São Paulo.

643. O livro *O Encontro Marcado*, de Fernando Sabino.

644. A tirinha *Piratas do Tietê*, de Laerte.

645. Repúblicas de estudantes.

646. Os catecismos de Carlos Zéfiro.

647. O altar barroco do Mosteiro de São Bento de Olinda. Já foi parar até em exposição do Museu Guggenheim, em Nova York.

648. Os nadadores brasileiros: Djan Madruga, Rômulo Arantes, Ricardo Prado, Gustavo Borges, Fernando Scherer (o Xuxa)...

649. Leitão à pururuca.

650. As poesias de Mário Quintana.

651. Papagaio de realejo.

652. Gabriel, o Pensador cantando *Lôrabúrra, 2345meia78, Cachimbo da Paz...*

653. O circuito das águas minerais de Minas Gerais: São Lourenço, Araxá, Caxambu, Cambuquira e Lambari.

654. As charges de Chico Caruso.

655. O temperamento festeiro e boêmio do brasileiro.

656. O selo Olho-de-Boi, emitido em 1843, foi o primeiro selo postal brasileiro – e um dos primeiros do mundo.

657. "Ripa na chulipa e pimba na gorduchinha."
(Bordão do locutor esportivo Osmar Santos.)

658. O Quarup. É a mais importante cerimônia – uma homenagem aos mortos – do calendário indígena.

659. *Quarup*, o romance de Antonio Callado.

660. A paisagem de cartão-postal do Rio de Janeiro.

661. O Cristo Redentor, de braços abertos sobre a Guanabara.

662. O Hino Nacional Brasileiro.

663. O centro histórico colonial de Diamantina, antigo arraial do Tijuco, é Patrimônio Mundial da Humanidade. Ali fica uma das mais antigas regiões de exploração de diamantes do mundo.

664. O canto do bem-te-vi.

665. Os documentários de Eduardo Coutinho, como *Santo Forte* e *Edifício Master*.

666. Pato no tucupi.

667. Itaipu, no Paraná, é a maior usina hidrelétrica do mundo.

668. Os parangolés e os penetráveis, de Hélio Oiticica.

669. "Seja marginal, seja herói."
(Hélio Oiticica, em 1965.)

670. A Conferência Mundial do Meio Ambiente, a Eco-92, no Rio de Janeiro.

671. Jangadas ao mar.

672. A Geração Saúde dos anos 80. "Vamos malhar, vamos suar" era o mote.

673. Os Secos e Molhados.

674. As plumas e paetês de Ney Matogrosso.

675. Ney Matogrosso cantando *Não Existe Pecado ao Sul do Equador*, *O Vira*, *Homem com H*, *Rosa de Hiroshima*, etc.

676. Aipim, mandioca, macaxeira. Frito, cozido, com manteiga, de qualquer maneira.

677. O biquíni brasileiro e suas múltiplas versões: asa delta, fio dental, de cortininha, de lacinho. Todo ano tem uma moda nova.

678. Marquinha de biquíni contrastando com a pele queimada de sol.

679. A tanga de crochê do Fernando Gabeira – um símbolo da Anistia – nas areias de Ipanema, no verão de 1980.

680. Flor de algodoeiro.

681. As sobrancelhas da Malu Mader.

682. O RPM tocando *Olhar 43* e *Louras Geladas.*

683. Bahia e Vitória no Fonte Nova.

684. *O Sítio do Pica-pau Amarelo*, de Monteiro Lobato.

685. Zilka Salaberry como Dona Benta.

686. A canastra da Emília, as caçadas de Pedrinho, o Visconde de Sabugosa, o pó de pirlimpimpim, a Cuca, Narizinho no Reino das Águas Claras.

687. O cânion do Itaimbezinho, no Parque Nacional de Aparados da Serra, no Rio Grande do Sul.

688. A Cadeira Mole, de Sérgio Rodrigues.

689. Pêra, uva, maçã, salada mista.

690. A Festa do Peão de Boiadeiro, em Barretos, São Paulo.

691. "Seguuuura peão!" *(Grito de guerra dos locutores de rodeio.)*

692. Os fogos de artifício na Praia de Copacabana na noite de Ano Novo.

693. *Grande Sertão: Veredas*, de Guimarães Rosa.

694. Francisco Cuoco como Carlão morrendo no último capítulo de *Pecado Capital*, comprovando que dinheiro na mão era mesmo vendaval. A novela era de Janete Clair e foi ao ar em 1975, na Globo.

695. Fitinhas do Senhor do Bonfim.

696. As crônicas de Danuza Leão.

697. Padaria: cheiro de pão quente, galeto no forno giratório, pão doce.

698. Média com pão e manteiga.

699. Dalva de Oliveira cantando *Errei Sim*.

700. Graúna, Zeferino, Bode Orelana, Fradim e cia. nos quadrinhos de Henfil.

701. Henfil apresentando o quadro "TV Homem", dentro do *TV Mulher*, na Globo.

702. Bromélias.

703. Marco Nanini e Ney Latorraca na peça *O Mistério de Irma Vap.*

704. O jacaré-do-papo-amarelo, que, no fim de 2002, saiu da lista dos animais ameaçados de extinção.

705. Doces de festa de aniversário: beijinho de coco, olho-de-sogra, brigadeiro, cajuzinho...

706. As caricaturas de Lan.

707. O bumba-meu-boi, o boi-bumbá, o boi-de-zabumba e todas as demais variações da dança popular cujo personagem principal é um boi que morre e ressuscita.

708. O Festival de Parintins.

709. O Boi Caprichoso e o Boi Garantido.

710. O *Vigilante Rodoviário* da TV Tupi.

711. Guaraná.

712. Apelidos de jogadores de futebol: Nilton Santos (o Enciclopédia), Pelé (Rei), Ronaldinho (o Fenômeno), Garrincha (a Alegria do Povo), Amarildo (o Possesso), Zico (o Galinho de Quintino).

713. Farofa de ovo, de banana, de cebola, de alho...

714. As novelas de Manoel Carlos.

715. Pintar o sete.

716. Simone cantando *O Amanhã*.

717. A Chapada Diamantina, na Bahia. Um oásis nordestino.

718. Frevo e maracatu no carnaval de Pernambuco.

719. Os bonecos gigantes do carnaval de Olinda.

720. Comidas para quem tem estômago forte: rabada com polenta, cozido, mocotó, buchada de bode, dobradinha...

721. Engov e Sonrisal.

722. O médico sanitarista Oswaldo Cruz. No início do século XX, ele enfrentou até revoltas populares para livrar o Rio de Janeiro da febre amarela e da peste bubônica.

723. Duelo de repentistas.

724. A ararinha-azul. (Só existem 55 no mundo, todas em cativeiro.)

725. Espetinho de queijo-coalho na brasa.

726. A Sala São Paulo é o mais bem equipado teatro do país para concertos de música clássica.

727. Lampião e Maria Bonita.

728. Renda de bilro.

729. Os doces baianos: quindim, cocada, pé-de-moleque, queijadinha, etc.

730. O misticismo do Vale do Amanhecer, no Planalto Central.

731. A poesia de Carlos Drummond de Andrade. (*No Meio do Caminho*, de 1928, é um marco do modernismo na poesia brasileira.)

732. Galinha caipira.

733. As Ilhas da Trindade e de Martim Vaz – a 1.200 quilômetros da costa do Espírito Santo – são o ponto mais distante do Brasil no Oceano Atlântico.

734. O palhaço Carequinha.

735. Os *souvenirs* gigantes de Itu.

736. Os romances *Vidas Secas* e *São Bernardo*, de Graciliano Ramos.

•

"O que mais me agrada no Brasil
é o otimismo do brasileiro.
Sempre acreditei no
desenvolvimento deste país.
E fico feliz porque olho em volta e
vejo que, hoje, o Brasil tem a cara
do Brasil. Me sinto à vontade para
dizer isso porque acho que
ninguém é tão parecido com o
Brasil quanto eu."

Elza Soares

737. Roberto Carlos cantando *As Curvas da Estrada de Santos*, *Emoções*, *Força Estranha*, *Os Seus Botões* e todos aqueles detalhes tão pequenos de nós todos.

738. As manias do Roberto Carlos.

739. Colocar um galho de arruda atrás da orelha para espantar mau-olhado.

740. As esculturas de Bruno Giorgi.

741. Irmã Paulina, a primeira santa brasileira.

742. Melado. Quem nunca comeu, quando come se lambuza.

743. *As Rosas Não Falam*, de Cartola.

744. O Círio de Nazaré, em Belém do Pará. A maior festa católica do país acontece há mais de 200 anos e atrai cerca de 2 milhões de fiéis.

745. O Biotônico Fontoura.

746. Os fantásticos personagens de *O Bem-Amado*, de Dias Gomes, a primeira novela em cores do Brasil, em 1973, na Globo: Odorico Paraguaçu (Paulo Gracindo), Zeca Diabo (Lima Duarte), Dirceu Borboleta (Emiliano Queiroz) e as irmãs Cajazeiras – Dulcinéia (Dorinha Duval), Judicéia (Dirce Migliaccio) e Dorotéia (Ida Gomes).

747. Licor de jenipapo.

748. Tacacá.

749. Maria Bethânia cantando *Olhos nos Olhos*, *Grito de Alerta*, *Explode Coração*...

750. A poesia de Adélia Prado.

751. O conjunto arquitetônico de São Luís, no Maranhão, com seu casario colonial coberto de azulejos portugueses do fim do século XVIII.

752. Ana Botafogo, primeira bailarina do Teatro Municipal do Rio de Janeiro.

753. Os *Choros* e as *Bachianas Brasileiras* de Villa-Lobos.

754. A festa da lavagem da escadaria do Senhor do Bonfim, em Salvador.

755. Vitórias-régias.

756. Leônidas da Silva, considerado o inventor do chute de bicicleta. Com sua jogada, foi a estrela da Seleção Brasileira na Copa da França de 1938.

757. As boates do Beco das Garrafas, em Copacabana, onde se ouvia bossa nova nos anos 60.

758. Sylvinha Telles cantando *Amendoim Torradinho.*

759. Amendoim torradinho.

760. Dolores Duran cantando *A Noite do Meu Bem.*

761. Os coqueirais do litoral baiano.

762. O movimento dos caras-pintadas no início dos anos 90.

763. A pororoca.

764. Neide Aparecida, a mais famosa garota-propaganda do Brasil (pelo menos nos anos 50). Perucas Lady, tá?

765. As crônicas de Paulo Mendes Campos.

766. *O Repórter Esso* – e a voz marcante de seu locutor Heron Domingues.

767. Tratar resfriados com mel, própolis e geléia real.

768. O samba *Folhas Secas*, de Nelson Cavaquinho e Guilherme de Brito.

769. Pular corda, jogar pião, bolinha de gude, peteca, brincar de pular carniça, pique-esconde, pique-bandeira, amarelinha e queimado.

770. Cantigas de roda, como *Ciranda Cirandinha*, *Atirei o Pau no Gato* e *Capelinha de Melão*.

771. Soltar pipa na laje, passar cerol, aparar pela rabiola.

772. Sorvete de frutas tropicais.

773. Santos-Dumont e o vôo pioneiro do 14 Bis.

774. Santos-Dumont não inventou só o avião. Em 1904, atendendo a um pedido seu, o joalheiro Louis Cartier criou o primeiro relógio de pulso do mundo. A peça foi batizada de Santos.

775. O som funkeado de Fernanda Abreu.

776. As maldades do Coronel Leôncio (Rubens de Falco) contra a escrava branca Isaura (Lucélia Santos), em *Escrava Isaura,* de Gilberto Braga. Em 1976, na Globo.

777. As bandeirinhas de Volpi.

778. As águas cristalinas das praias de Fernando de Noronha – em alguns lugares a transparência chega a 50 metros de profundidade.

779. Ver os golfinhos pela manhã na Baía dos Golfinhos, em Fernando de Noronha.

780. O piano de Nelson Freire.

781. O primeiro Rock in Rio. Mesmo com toda aquela chuva e toda aquela lama.

782. Cantar músicas em inglês. Mesmo sem saber o idioma ou a letra.

783. Ficar mais feliz que pinto no lixo.

784. A tela *Eu Vi o Mundo... Ele Começava no Recife*, de Cícero Dias.

785. A encenação da *Paixão de Cristo*, em Nova Jerusalém, em Pernambuco.

786. A barriga de grávida de Leila Diniz à mostra nas águas de Ipanema, em 1971.

787. *Todas as Mulheres do Mundo*, o filme-tributo de Domingos de Oliveira para Leila Diniz.

788. O bico do tucano.

789. Os personagens marginais do teatro de Plínio Marcos.

790. O Rio de Janeiro do início do século XX nas fotos de Augusto Malta.

791. As gravuras de Oswaldo Goeldi.

792. *Carlota Joaquina, Princesa do Brazil*, filme de Carla Camurati, marco da retomada do cinema brasileiro na década de 90.

793. O encontro das águas do Rio Negro (escuras, porém cristalinas) e do Rio Solimões (barrentas).

794. Frases de pára-choque de caminhão, como "Não tenho tudo que amo, mas amo tudo que tenho" ou "A mata é virgem porque o vento é fresco".

795. Cazuza cantando *Codinome Beija-Flor*, *Bete Balanço*, *Exagerado*, *O Tempo Não Pára*...

796. As cantinas italianas de São Paulo. (Aliás, como se come bem em São Paulo.)

797. Os times do Santos e do Botafogo da década de 60.

798. O Farol da Barra, em Salvador.

799. As expedições dos irmãos sertanistas Cláudio, Orlando e Leonardo Villas-Bôas.

800. A turma do programa *Casseta & Planeta, Urgente!* e seus personagens de sucesso: Devagar Franco, Viajando Henrique Cardoso, Seu Creysson, etc.

801. Geléia de mocotó.

802. As óperas de Carlos Gomes.

803. Terreiros de candomblé.

804. Em qualquer canto, em qualquer lugar, tem sempre um campinho de futebol – e peladas no fim de semana.

805. As piscinas naturais de água quente de Caldas Novas, em Goiás.

806. O carnaval de antigamente, quando o arlequim chorava pelo amor da colombina.

807. Zé Kéti e João do Vale no show *Opinião*.

808. Nara Leão, um banquinho, um violão. E os joelhos de fora, naturalmente.

809. As comédias de Martins Pena.

810. Castanha-do-pará.

811. O filme *Deus e o Diabo na Terra do Sol*, de Glauber Rocha.

812. Os personagens das tirinhas do Angeli: Rê Bordosa, Bibelô, Bob Cuspe...

813. "Isso é uma vergonha."
(Bordão do jornalista Boris Casoy.)

814. Carmen Miranda e seu turbante de frutas tropicais.

815. Toda menina baiana.

816. *Morte e Vida Severina*, de João Cabral de Melo Neto.

817. Mingau de Cremogema.

818. Fim de tarde ao som do canto das cigarras e do coaxar dos sapos.

819. Garrafinhas de areia colorida com desenhos de paisagens praieiras.

820. Os doze profetas do Aleijadinho, esculpidos em pedra-sabão no adro do Santuário de Bom Jesus de Matosinhos, em Congonhas do Campo, Minas Gerais.

821. A fase surrealista da pintura de Ismael Nery.

822. Sambistas da velha-guarda.

823. Batida de coco, de pitanga, de maracujá, de limão, de morango...

824. O xaxado.

825. Sônia Braga, de vestido curto, subindo no telhado para pegar uma pipa em *Gabriela*, novela de Walter George Durst adaptada a partir do romance *Gabriela, Cravo e Canela*, de Jorge Amado. Em 1975, na Globo.

826. Mãe Menininha do Gantois.

827. Picolé de fruta.

828. O Rio de Janeiro do início do século XX nas crônicas de João do Rio.

829. "Quem canta, seus males espanta."
(Ditado popular.)

830. Ieda Maria Vargas, Miss Brasil e Miss Universo em 1963.

831. O edifício Copan – em forma de onda –, em São Paulo.

832. José Lewgoy.

833. O romance *Fogo Morto*, de José Lins do Rego.

834. Broa de milho.

835. Cauby Peixoto cantando *Conceição*.

836. Angela Maria cantando *Babalu*.

837. O placar moral do Otelo Caçador no jornal *O Globo*. O Flamengo nunca perdia.

838. O tatu-bola. Por causa do desenho de seu casco, o animal adquire, sempre que se encolhe, o aspecto de uma bola.

839. João Bosco cantando *Linha de Passe.*

840. Os contos de Caio Fernando Abreu.

841. O perfume dos manacás em flor.

842. O canto dos sabiás.

843. *Beto Rockfeller*, a novela de Bráulio Pedroso, na TV Tupi, que, com temática próxima do cotidiano dos telespectadores, modernizou a teledramaturgia brasileira, em 1968.

844. Quermesse.

845. Rita Lee cantando *Mania de Você, Doce Vampiro, Lança Perfume...*

846. A poesia de Augusto dos Anjos.

847. O Teatro Arthur Azevedo, em São Luís, erguido em 1817, é o segundo mais antigo do país.

848. O pioneirismo das histórias em quadrinhos de Angelo Agostini, no fim do século XIX.

849. As matas de araucária do Parque Nacional São Joaquim, em Santa Catarina. A temperatura média anual por lá é de 13 graus centígrados – e quase todo ano cai um pouco de neve no topo das montanhas.

850. As igrejas do centro histórico de Olinda.

851. Caldinho de feijão. Com torresmo.

852. Os móveis leves, elegantes – e artesanais – de Joaquim Tenreiro.

853. Iberê Camargo.

854. Coxinha de galinha e rissole de camarão.

855. O Rio Amazonas. O maior do mundo em volume de água despeja, por segundo, no Oceano Atlântico, cerca de 175 milhões de litros de água.

856. A Floresta Amazônica, com seus 5,5 milhões de quilômetros quadrados. (Precisa dizer que é a maior do mundo?) Segundo estimativas, existem mais de 10 milhões de espécies vivas na Amazônia.

857. Fica no Acre o maior ponto de diversidade biológica do mundo. Só para se ter uma idéia, são 50 espécies de réptil e 300 de aranha.

858. Roda de jongo.

859. A Baía de Guanabara, no Rio de Janeiro.

860. O Brasil mestiço nas telas do século XVII do holandês Albert Eckhout.

861. A paisagem pernambucana do mesmo período nas telas de Frans Post.

•

"Possuímos um símbolo máximo
de paz que é o Cristo Redentor,
com toda a sua beleza, no cartão-
postal que é o Rio de Janeiro.
Quer motivo melhor para
gostar do Brasil?"

Bibi Ferreira

862. As entrevistas do Jô.

863. João do Pulo. Aos 21 anos, em 1975, nos Jogos Pan-Americanos, na Cidade do México, ele bateu o recorde mundial no salto triplo, pulando 17,89 metros. Sua marca só foi batida dez anos depois. Foi ainda tricampeão mundial e oito vezes campeão brasileiro.

864. O Teatro Oficina, de José Celso Martinez Corrêa. Pedra no sapato da ditadura no fim dos anos 60.

865. O espetáculo *Roda Viva*, de Chico Buarque, dirigido por José Celso.

866. A Caravana Rolidei do filme *Bye-Bye, Brasil*, de Cacá Diegues.

867. Frango ao molho pardo.

868. Alguma coisa acontece no coração da gente quando Caetano Veloso canta *Coração Vagabundo*, *Sampa*, *Alegria, Alegria*, *Leãozinho*...

869. Caetano Veloso e Gilberto Gil cantando *Desde que o Samba É Samba.*

870. O corte de cabelo do Ronaldinho na Copa de 2002. Virou mania entre a criançada.

871. Tartarugas marinhas. Das oito espécies conhecidas, cinco vivem no litoral brasileiro, onde lutam contra a extinção.

872. O Projeto Tamar.

873. Marina Lima cantando *Virgem, Charme do Mundo, Nada por Mim...*

874. Comerciais de TV que grudaram na memória: "Ei, ei, vocês se lembram da minha voz? Continua a mesma, mas os meus cabelos... Quanta diferença!"; "Não esqueça a minha Caloi"; "Ortopé, Ortopé, tão bonitiiinho".

875. Comer fruta no pé.

876. Os comerciais do Bombril.

877. As praias de Guarda do Embaú, em Santa Catarina.

878. O nu de Norma Bengell em *Os Cafajestes*, filme de Ruy Guerra, lançado em 1962.

879. Requeijão.

880. O saque viagem-ao-fundo-do-mar, de Renan e Montanaro.

881. As certinhas do Lalau.

882. Os brasileiros são brancos, índios, negros, mulatos, cafuzos, mamelucos, caboclos... todos muito misturados entre si.

883. Fanta Limão, Mineirinho, Grapette, Crush...

884. Bambuzais.

885. A Turma do Balão Mágico.

886. Beiju.

887. Baby do Brasil, no tempo em que ainda se chamava Baby Consuelo, cantando *Menino do Rio.*

888. A bonequinha Fofolete.

889. Brasileiro adora uma simpatia. E tem sempre uma – infalível! – para qualquer tipo de problema.

890. Colocar uma estatueta de Santo Antônio de cabeça para baixo. Dizem que serve para arranjar casamento.

891. Dar três pulinhos para São Longuinho com o objetivo de encontrar o que se está procurando.

892. Fazer palavras cruzadas.

893. A poesia concreta dos irmãos Haroldo e Augusto de Campos.

894. *A Estação da Luz*, em São Paulo.

895. As crônicas de Otto Lara Resende.

896. O pagode do grupo Fundo de Quintal.

897. O prédio do Ministério da Educação, inaugurado em 1943, no Centro do Rio de Janeiro, é um marco da arquitetura moderna no Brasil. O projeto original do suíço Le Corbusier foi desenvolvido por uma equipe que incluía Oscar Niemeyer e Lúcio Costa.

898. A peça *As Mãos de Eurídice*, de Pedro Bloch. Sucesso nos anos 50, foi encenada em mais de 45 países.

899. Camarão frito.

900. Orlando Silva, o cantor das multidões.

901. Lennie Dale e os Dzi Croquetes.

902. Sonho de padaria.

903. Bem-me-quer, malmequer...

904. As frases geniais de Millôr Fernandes. Exemplos: "Chama-se de celebridade um débil mental que foi à televisão"; "Um médico leva a outro"; "A vida seria muito melhor se não fosse diária".

905. Os contos de Dalton Trevisan, autor de *O Vampiro de Curitiba.*

906. O Dedo de Deus, na Serra dos Órgãos, no Rio de Janeiro.

907. A Blitz tocando *Você Não Soube me Amar.*

908. O Parque Nacional da Chapada dos Veadeiros, em Goiás, com suas cachoeiras, cânions, poços de água cristalina e vegetação de cerrado.

909. Fazer figa.

910. A pintura de Anita Malfati, uma das principais artistas da Semana de Arte Moderna de 1922.

911. O dia de São Nunca.

912. As obras sociais da Irmã Dulce.

913. Em 1953, *O Cangaceiro*, de Lima Barreto, ganhou o prêmio especial do júri como melhor filme de aventura no Festival de Cannes. Foi a primeira produção brasileira a ter alguma repercussão internacional.

914. Astrud Gilberto cantando *Garota de Ipanema.*

915. Garotas de Ipanema.

916. Helô Pinheiro, a garota de Ipanema que inspirou Tom e Vinicius.

917. O poema *Navio Negreiro*, de Castro Alves.

918. A cana-de-açúcar.

919. Colocar pingüim em cima da geladeira.

920. O Capitão Aza, o Capitão Furacão e sua assistente Elisângela.

921. O verde-esmeralda da água do mar na Praia do Gunga, em Alagoas.

922. A cantora lírica Bidu Sayão.

923. Moraes Moreira cantando *Pombo-Correio* e *Vassourinhas.*

924. Farinha de mandioca.

925. Betty Faria na novela *Tieta*, de Aguinaldo Silva, em 1989, na Globo.

926. O trabalho de Zilda Arns na Pastoral da Criança.

927. O esplendor do barroco no Mosteiro de São Bento, no Rio de Janeiro.

928. Fábio Junior cantando *20 e Poucos Anos* e *Pai.*

929. O Brasil é o país do futebol.

930. Somos 170 milhões de técnicos de futebol – e os únicos pentacampeões.

931. A primeira conquista foi na Copa do Mundo de 1958, na Suécia: Gilmar, Djalma Santos, Bellini, Nilton Santos, Didi, Pelé, Garrincha e cia.

932. Em 1962, no Chile, veio a segunda vitória, com quase o mesmo time: destaque para Amarildo, que substituiu Pelé, e Garrincha, que fez até gol de cabeça.

933. E aí veio o tri, em 1970, no México: Félix, Carlos Alberto Torres, Gérson, Rivellino, Jairzinho, Tostão, Pelé e cia.

934. Demorou, mas o tetra chegou. Foi em 1994, na Copa dos Estados Unidos, com Taffarel, Jorginho, Branco, Dunga, Bebeto, Romário e cia.

935. E só o Brasil é penta. O time vitorioso, em 2002, na Copa da Coréia e do Japão, tinha Marcos, Cafu, Roberto Carlos, Ronaldinhos (o Fenômeno e o Gaúcho), Rivaldo e cia.

936. "A taça do mundo é nossa/ Com brasileiro, não há quem possa." *(Trecho da marchinha* A Taça do Mundo É Nossa, *de Victor Dago, Wagner Maugeri, Maugeri Sobrinho e Lauro Müller, para a conquista da Copa de 1958.)*

937. A volta por cima de Ronaldinho, o Fenômeno. Eleito três vezes pela FIFA o Melhor Jogador do Mundo e artilheiro da Copa de 2002, com oito gols.

938. Manguezais.

939. Mamão papaia.

940. Creme de papaia com licor de cassis.

941. As piscinas naturais no mar de Porto de Galinhas, em Pernambuco.

942. Minâncora, Hipoglós, Leite de Magnésia Phillips, violeta de genciana...

943. O Viaduto do Chá, em São Paulo.

944. Duplas caipiras, de verdade, como Cascatinha e Inhana, Pena Branca e Xavantinho, Tonico e Tinoco, Milionário e Zé Rico.

945. O Arquipélago de Abrolhos.

946. Baleias jubarte.

947. Roupinha de liquidificador feita de crochê.

948. Gisele Bündchen. Os números da boa forma: 1,79 metro de altura, 51 quilos, 89 centímetros de busto, 57 de cintura e 89 de quadris.

949. Modelos de outras décadas, quando ainda eram chamadas de manecas: Monique Evans, Luiza Brunet, Mila Moreira, Beth Lago, Xuxa...

950. Os sorvetes Chicabon e Eskibon.

951. Pipa e as praias selvagens do Rio Grande do Norte.

952. Andar de bugre, com ou sem "emoção", nas dunas de Genipabu.

953. A música *Tiro ao Álvaro*, de Adoniran Barbosa e Oswaldo Moles.

954. Lojas de artesanato.

955. Visconde de Mauá, na Serra da Mantiqueira, no Rio de Janeiro, com sua temperatura amena, cachoeiras e comunidade alternativa.

956. O Romi-Isetta, o primeiro carro fabricado no Brasil, lançado em 1955.

957. Cid Moreira e Sérgio Chapelin, a dupla que marcou época no *Jornal Nacional*, da Rede Globo.

958. Carambola.

959. Carnaval na Bahia – o mais longo do Brasil.

960. Coreografias de axé-music.

961. A manemolência dos brasileiros.

962. Trancinhas afro para os cabelos.

963. Trio elétrico.

964. Ir atrás do trio elétrico. (Afinal, atrás do trio elétrico só não vai quem já morreu.)

965. O trio elétrico de Armandinho, Dodô e Osmar.

966. Passar o carnaval em Porto Seguro.

967. A energia contagiante de Daniela Mercury e Ivete Sangalo.

•

"A coisa melhor deste mundo é viajar – e voltar para o Rio de Janeiro. Quando se chega no Aterro é aquele deslumbramento; em algumas ruas são as mangueiras carregadas de mangas maduras; na Praia de Copacabana, no canteiro central, coqueiros cheios de cocos e, nas esquinas, o comércio informal oferece caixas de caquis, frutas do conde, mangas e cajus maduros. Além de tudo isso, quilômetros e quilômetros de mar. Ah, Deus tem mesmo muito bom gosto."

Danuza Leão

968. O filme *O Pagador de Promessas*, de Anselmo Duarte, baseado na peça de Dias Gomes, ganhou a Palma de Ouro no Festival de Cannes, em 1962.

969. A revista infantil *Recreio*.

970. "Se correr o bicho pega, se ficar o bicho come". *(Ditado popular.)*

971. As praias de Florianópolis.

972. O Teatro Brasileiro de Comédia, o TBC. Fundado em 1948, em São Paulo, mudou o teatro brasileiro e revelou nomes como Cacilda Becker, Tônia Carreiro, Paulo Autran, Fernanda Montenegro, Sérgio Cardoso, Walmor Chagas, Nathália Timberg, Cleyde Yáconis e Ítalo Rossi.

973. O romance *As Meninas*, de Lygia Fagundes Telles.

974. O médium Chico Xavier.

975. O luxo do Teatro Amazonas, em Manaus, inaugurado em 1896, época em que os barões da borracha sonhavam transformar a cidade numa Paris das selvas.

976. O Festival de Cinema de Gramado.

977. Eduardo Dusek cantando *Barrados no Baile*, *Rock da Cachorra*, *Nostradamus*...

978. As pontes sobre os rios e canais de Recife.

979. Marília Pêra e Marco Nanini em *Brega & Chique*, de Cassiano Gabus Mendes. Na Globo, em 1987.

980. Cerveja gelada.

981. O pãozinho francês, que, apesar do nome, é brasileiríssimo.

982. O musical infantil *Os Saltimbancos*, com a marca de Chico Buarque.

983. Mário Lago.

984. Alceu Valença cantando *Morena Tropicana.*

985. A informalidade do brasileiro ao se vestir. Descer para ir na banca de jornal de short, camiseta e chinelo não é para qualquer um, não.

986. Rapadura.

987. "Hoje é um novo dia, de um novo tempo, que começou/ Nesses novos dias, as alegrias serão de todos, é só querer/ Todos os nossos sonhos serão verdade/ O futuro já começou." *(Trecho de* Um Novo Tempo, *de Paulo Sérgio Valle, Marcos Valle e Nelson Motta, mensagem de fim de ano da Rede Globo.)*

988. Os seringais da Amazônia.

989. Roda de samba.

990. As pedras preciosas brasileiras: ametista, água-marinha, turmalina, topázio-imperial.

991. As coreografias de Débora Colker.

992. O sotaque quase cantado dos nordestinos.

993. O sotaque – puxado nos erres – do interior paulista.

994. O sotaque mineiro segundo o qual boa parte das palavras termina em “im”.

995. O sotaque chiado dos cariocas, que trocam *s* por *x*.

996. O compositor clássico Cláudio Santoro é considerado o maior sinfonista que o país já teve.

997. A beleza da paisagem na Estrada de Ferro Curitiba–Paranaguá.

998. Fósforos Olho.

999. A palavra “saudade”.

1000. O Brasil é a terra do sol.

1001. Deus é brasileiro.

Bibliografia

ALBIN, Ricardo Cravo. *Museu da Imagem e do Som: rastros de memória.* Rio de Janeiro: Sextante Artes, 2000.

ALENCAR, Mauro. *A Hollywood brasileira: Panorama da telenovela no Brasil.* Rio de Janeiro: Senac, 2002.

CASTELLO, José. *Vinicius de Moraes: o poeta da paixão / uma biografia.* São Paulo: Companhia das Letras, 1994.

CASTRO, Ruy. *Chega de saudade: a história e as histórias da bossa nova.* São Paulo: Companhia das Letras, 1990.

___________. *Ela é carioca: Uma enciclopédia de Ipanema.* São Paulo: Companhia das Letras, 1999.

___________. (Seleção, tradução e organização.) *O melhor do mau humor: uma antologia de citações venenosas.* São Paulo: Companhia das Letras, 1989.

DUARTE, Marcelo. *O guia dos curiosos – Brasil.* São Paulo: Companhia das Letras, 1999.

FERNANDES, Millôr. *Millôr Definitivo – A Bíblia do Caos.* Porto Alegre: L&PM, 1994.

PEREIRA, Paulo Roberto (organização). *Brasiliana da Biblioteca Nacional – Guia das fontes sobre o Brasil.* Rio de Janeiro: Fundação Biblioteca Nacional; Nova Fronteira, 2001.

ROCHA, Ana Augusta, e LINSKER, Roberto (coordenação). *Brasil terra virgem.* São Paulo: Terra Virgem, 1999.

SANTOS, Joaquim Ferreira dos. *Feliz 1958: o ano que não devia terminar.* Rio de Janeiro: Record, 1997.

SERRONI, J. C. *Teatros – uma memória do espaço cênico no Brasil.* São Paulo: Editora SENAC, 2002.

VÁRIOS AUTORES. Brasil. *Patrimônio cultural e natural.* Barcelona: Laia Libros, 2002.

XAVIER, Ricardo e SACCHI, Rogério. *Almanaque da TV: 50 anos de memória e informação.* Rio de Janeiro: Objetiva, 2000.

JORNAIS:

Folha de S. Paulo, Jornal do Brasil, O Estado de S. Paulo e *O Globo.*

REVISTAS:

Época, Exame, IstoÉ, Veja, Viagem e *Turismo.*

CRÉDITOS DAS MÚSICAS CITADAS:

Carinhoso, de Pixinguinha e João de Barro. © 1936 by Mangione, Filhos & Cia Ltda. Todos os direitos autorais reservados para todos os países do mundo.

Cinto de Inutilidades, de Marcos Valle, Paulo Sérgio Valle e Celson Motta. © 1972 by Sigem Ltda.

O Campeão (Meu Time), de Neguinho da Beija-Flor. © 1980 by 100% Top Tape (Abril Music Publishing).

Tarde em Itapuã, de Vinicius de Moraes e Toquinho. © 1975 by Tonga (BMG Music Publishing Brasil).

Antonio, Pedro e João, de Benedicto Lacerda e Oswaldo Santiago. © 1939 by Mangione, Filhos & Cia Ltda. Todos os direitos autorais reservados para todos os países do mundo.

A Taça do Mundo É Nossa, de Victor Dago, Wagner Maugeri, Maugeri Sobrinho e Lauro Müller. © 1958 by BMG Music Publishing Brasil.

Um Novo Tempo, de Marcos Valle, Paulo Sérgio Valle e Nelson Motta. © 1971 by Sigem Ltda.

CONHEÇA OUTROS TÍTULOS DA COLEÇÃO DE BOLSO DA SEXTANTE

DE AUGUSTO CURY

Você é Insubstituível

Este livro fala do amor pela vida que pulsa em cada ser humano. Ele conta a sua biografia. Se até hoje a sua história nunca havia sido contada em um livro, agora ela será, pelo menos em parte.

Você descobrirá alguns fatos relevantes que o tornaram o maior vencedor do mundo, o mais corajoso dos seres, o que mais cometeu loucuras de amor para poder estar vivo.

Dez Leis para Ser Feliz

O que é ser feliz? Que ferramentas psicológicas devemos usar para nos apaixonarmos pela vida? Que leis devemos seguir para extrair experiências positivas das perdas e conseguir boa qualidade de vida mesmo em ambientes estressantes. Como expandir o prazer de viver e resgatar o sentido de vida?

Neste livro, o psiquiatra Augusto Cury vai lhe dar o mapa da mina da felicidade. Ser feliz é seu direito. Ser feliz é uma conquista e não obra do acaso...

De Dominique Glocheux
A Vida É Bela

Só se vive uma vez. Então é preciso aproveitar cada momento. Descobrir o valor das coisas simples, dos pequenos tesouros escondidos que tornam a vida bela. Este pequeno manual vai despertar idéias, sentimentos e desejos que estavam adormecidos. Abra as portas de seu coração e as janelas de sua alma, saboreando cada um dos 512 conselhos reunidos aqui. Conquiste sua felicidade!

De Sua Santidade, o Dalai-Lama
Palavras de Sabedoria

Este pequeno livro contém ensinamentos essenciais sobre o budismo e foi escrito pelo Dalai-Lama, um dos maiores líderes espirituais do nosso tempo. Estas lições associam a sabedoria antiga à compreensão dos problemas da vida moderna e nos estimulam a refletir sobre a importância do amor, da compaixão e da responsabilidade individual.

De Darrin Zeer
Ioga no Trabalho

Darrin Zeer apresenta exercícios simples e prazerosos para energizar o seu dia. São exercícios que podem ser facilmente incluídos na sua rotina diária, já que foram criados para ser feitos em qualquer lugar, a qualquer momento: no escritório, durante reuniões, falando ao telefone, vendo televisão e na cama.

OUTROS TÍTULOS DA EDITORA SEXTANTE

DE BRADLEY TREVOR GREIVE
- Um Dia "Daqueles"
- Querida Mamãe, Obrigado por Tudo
- A Incrível Verdade a Respeito das Mães

DE MAX EHRMANN
- Desiderata – Um Caminho para a Vida

DE JACK CANFIELD E MARK VICTOR HANSEN
- Histórias para Aquecer o Coração
- Histórias para Aquecer o Coração das Mulheres

DE ORIAH MOUNTAIN DREAMER
- A Dança

DE BOB NELSON
- Faça o que Tem de Ser Feito

De David Niven
- Os 100 Segredos das Pessoas Felizes
- Os 100 Segredos das Pessoas de Sucesso

DE ALLAN E BARBARA PEASE
- Por que os Homens Fazem Sexo e as Mulheres Fazem Amor

DE JAMES VAN PRAAGH
- O Despertar da Intuição

DE IYANLA VANZANT
- Enquanto o Amor não Vem
- Esperando o Amor Chegar

DE BRUCE FEILER
- Pelos Caminhos da Bíblia

DE TONY PARSONS
- Pai e Filho

DE ECKHART TOLLE
- O Poder do Agora

Informações sobre os próximos lançamentos

Para receber informações sobre os próximos lançamentos da Editora Sextante, queira entrar em contato com nossa Central de Atendimento, dando seu nome, endereço e telefone para:

Editora Sextante
Rua Voluntários da Pátria, 45 – Gr. 1.404 – Botafogo
22270-000 – Rio de Janeiro – RJ
Tel.: (21) 2286-9944 – Fax: (21) 2286-9244
DDG: 0800-22-6306 (ligação gratuita)
E-mail: atendimento@esextante.com.br

Para saber mais sobre nossos títulos e autores, e enviar seus comentários sobre este livro, visite o nosso site:

www.esextante.com.br

Esse livro foi impresso em papel Chamois Bulk Alta Performace Dunas 90g/m² da Ripasa S/A Celulose e Papel produzido a partir de floresta plantada de eucalipto.